Seu Filho e a Astrologia
CÂNCER

Maite Colom

Seu Filho e a Astrologia
CÂNCER

Tradução
Claudia Gerpe Duarte
Eduardo Gerpe Duarte

Editora Pensamento
SÃO PAULO

Título original: *Tú y Tu Pequeño Cáncer*.

Copyright © 2012 Atelier de Revistas/Maite Colom. www.ateliermujer.com.

Direitos de tradução mediante acordo com Zarana Agencia Literaria.

Copyright das ilustrações © Thinkstock.

Copyright da edição brasileira © 2016 Editora Pensamento-Cultrix Ltda.

Texto de acordo com as novas regras ortográficas da língua portuguesa.

1ª edição 2016.

Todos os direitos reservados. Nenhuma parte deste livro pode ser reproduzida ou usada de qualquer forma ou por qualquer meio, eletrônico ou mecânico, inclusive fotocópias, gravações ou sistema de armazenamento em banco de dados, sem permissão por escrito, exceto nos casos de trechos curtos citados em resenhas críticas ou artigos de revista.

A Editora Pensamento não se responsabiliza por eventuais mudanças ocorridas nos endereços convencionais ou eletrônicos citados neste livro.

Editor: Adilson Silva Ramachandra
Editora de texto: Denise de Carvalho Rocha
Gerente editorial: Roseli de S. Ferraz
Preparação de originais: Marta Almeida de Sá
Produção editorial: Indiara Faria Kayo
Assistente de produção editorial: Brenda Narciso
Editoração eletrônica: Join Bureau
Revisão: Vivian Miwa Matsushita

Dados Internacionais de Catalogação na Publicação (CIP)
(Câmara Brasileira do Livro, SP, Brasil)

Colom, Maite
    Seu filho e a astrologia: câncer / Maite Colom; tradução Claudia Gerpe Duarte, Eduardo Gerpe Duarte. – São Paulo: Pensamento, 2016.

    Título original: Tú y tu pequeño cáncer.
    ISBN 978-85-315-1932-1

    1. Astrologia 2. Astrologia esotérica 3. Horóscopos 4. Zodíaco I. Título.

16-01104   CDD-133.52

Índice para catálogo sistemático:
1. Signos do Zodíaco: Astrologia   133.52

Direitos de tradução para o Brasil adquiridos com exclusividade pela
EDITORA PENSAMENTO-CULTRIX LTDA., que se reserva a
propriedade literária desta tradução.
Rua Dr. Mário Vicente, 368 – 04270-000 – São Paulo – SP
Fone: (11) 2066-9000 – Fax: (11) 2066-9008
http://www.editorapensamento.com.br
E-mail: atendimento@editorapensamento.com.br
Foi feito o depósito legal.

Sumário

Como é o seu filho canceriano? 7

Conheça melhor o seu canceriano 11

    Seu caráter 15
    Sua aparência... 17
    Ele gosta de andar na moda?.................. 17
    Como ele é na sala de aula?.................... 18
    O que ele gosta de comer? 18
    Esportes e *hobbies*................................. 19
    Seu futuro profissional 20

Como você se relaciona com o
seu filho canceriano............................... 21
    Se você é de Áries................................... 22
    Se você é de Touro 24

Se você é de Gêmeos 26

Se você é de Câncer 28

Se você é de Leão 30

Se você é de Virgem 32

Se você é de Libra 34

Se você é de Escorpião 36

Se você é de Sagitário 38

Se você é de Capricórnio 40

Se você é de Aquário 42

Se você é de Peixes 44

Como é o seu filho canceriano de acordo com o horóscopo chinês 47

Se o seu canceriano é de Rato 49

Se o seu canceriano é de Boi 53

Se o seu canceriano é de Tigre 57

Se o seu canceriano é de Coelho 61

Se o seu canceriano é de Dragão 65

Se o seu canceriano é de Serpente 69

Se o seu canceriano é de Cavalo 73

Se o seu canceriano é de Cabra 77

Se o seu canceriano é de Macaco 81

Se o seu canceriano é de Galo 85

Se o seu canceriano é de Cão 89

Se o seu canceriano é de Javali 93

Como é o seu filho canceriano?

A criança do signo de Câncer é muito carinhosa, dócil e perceptiva, amante da tranquilidade e muito observadora. Se ela se sente à vontade no ambiente que a cerca, costuma dormir sem sobressaltos. Necessita de calor humano e muita atenção, e por isso sempre os exigirá da mãe. Ela precisa se sentir acima de tudo à vontade e segura e necessita de mais beijos e carinho do que os outros bebês.

É uma criança ambivalente: por um lado, é imaginativa, hipersensível, um pouco tímida ou medrosa, porém tem um temperamento forte e é muito obstinada em conseguir os seus objetivos. Costuma se dar conta de tudo o que acontece ao seu redor, o que a perturba um pouco mais ou um pouco menos, dependendo do dia. Às vezes, a sua disposição de ânimo muda inesperadamente. Ela pode estar risonha e feliz e, de repente, ter um monumental ataque histérico. Isso acontece porque ela é muito sensível e qualquer mudança pode alterar o seu humor, seja uma mudança de temperatura ou qualquer outra reação ou energia ruim que ela sinta no ar.

De um modo geral, é fácil lidar com a criança do signo de Câncer; o seu riso é peculiar e muito contagiante. Como ela é extremamente criativa e imaginativa, as brincadeiras que a ensinem a desenvolver esse potencial combinam bem com ela. Ela adora as cores, as imagens e os diferentes sabores, embora tenda a ser um pouco exigente e seletiva com a comida.

Conheça melhor
o seu canceriano

É muito carinhoso e tem instinto maternal; está sempre cuidando dos amigos ou na dependência deles, inclusive de você. Ele precisa estar em contato permanente com os seus familiares, amigos, vizinhos e animais de estimação. Quando está de bom humor, pode chegar a ser encantador e extremamente simpático e divertido; adora fazer brincadeiras. Como sente muita empatia pelas pessoas e não suporta ver alguém sofrendo, sem hesitar, correrá para ajudar (ainda que seja uma planta que esteja sem água ou uma formiga perdida pelo caminho).

É hipersensível e muito intuitivo; entende os gestos, e palavras não lhe faltam para compreender algo, mas, apesar de seu sexto sentido tão acentuado, ele precisa saber que é querido, porque isso o acalma profundamente. Embora necessite de ternura e carinho, ele não é brinquedo de ninguém, porque no fundo pode ser a criança mais ambiciosa e competente com quem podemos nos deparar, e pode organizar a agenda e a vida de qualquer um em um piscar de olhos.

Além disso, tem um toque encantado ou mágico. Por mais que pareça relaxado, tranquilo, amante do conforto, da boa mesa e das roupas de qualidade, a sua tremenda intuição o conduzirá a limites insuspeitados. É um mentor confiável nos momentos difíceis. É nostálgico por natureza e nunca se esquece das coisas, já que tem uma memória prodigiosa.

Normalmente tem, pede ou necessita de algo ou alguém que esteja a sua disposição (plantas, animaizinhos, um irmão caçula), e cuida dele com paixão. A sua fisionomia pode mudar como a Lua, e ele costuma sempre falar de relações, amigos, sentimentos... Gosta de ouvir quase sempre a mesma música e estar rodeado de gente.

Seu caráter

Gosta: que lhe digam e demonstrem quanto gostam dele, que o procurem e lhe deem atenção quando entra em depressão. Gosta de detalhes e de estar com a casa cheia de amigos e familiares.

Não gosta: de conflitos, que não lhe deem valor, que se oponham às suas ideias. Precisa descobrir as coisas por si mesmo.

Aspectos negativos: insegurança, receios, apego, dependência, excesso de ambição, inconstância, rancor, preguiça, instabilidade.

Contrastes: é generoso, caridoso, carinhoso, porém insistente e dependente.

Cores: azul, violeta, branco, cinza-prateado.

Animais com os quais se identifica: caranguejo, tartaruga, gato, pato, cisne.

Pedras: pérola, selenita, esmeralda.

Planeta: Lua.

Sua aparência

Com olhos brilhantes e sonhadores, seu olhar é doce e muito penetrante. Nariz arrebitado. Rosto arredondado, como a Lua, porém muito instável. Pele suave. Boca sensual, em forma de O. Pele alva, com bochechas rechonchudas. Estatura mediana, magro, porém com tendência para engordar. A parte superior do corpo predomina, da cintura para cima, o que o faz balançar às vezes quando anda.

Ele gosta de andar na moda?

A criança do signo de Câncer adora comprar roupas (dependendo do dia), embora examine atentamente o preço. Acima de tudo, é uma artista dos complementos. Às vezes, "dá a louca nela" e ela precisa fazer compras sem parar, quase até as 11 horas da noite. Normalmente não usa cores fortes; tende mais a ser discreta e ter bom gosto. Gosta que as suas roupas sejam suaves ao tato, embora às vezes misture cores que não combinam. E em um dia de Lua Cheia pode se vestir de uma maneira excessivamente *sexy* ou com um vestido do século XIX que era da sua avó, a quem, a propósito, ama com loucura. As tonalidades que mais a favorecem ou que ela mais usa são o violeta, o azul, o grená e o cinza-prateado.

Como ele é na sala de aula?

Algumas matérias literalmente o aborrecem; não entende por que precisa estudar, por exemplo, matemática, já que não combina com ele e ele sabe que não vai lhe ser útil em nada. E não é só matemática, mas também literatura ou desenho. Quando tem alguma dificuldade, consegue se desligar como ninguém, e depois demora a voltar a se sintonizar, mas acaba pondo mãos à obra e chega até a tomar um gostinho pelo assunto se algum amigo ou outra pessoa o incentivar. Por sorte, é estudioso e paciente, mas a sua cabeça às vezes não está interessada em trabalhar. Ele pinta, rabisca nos livros, sonha acordado... Mas, apesar de tudo, acaba sendo aprovado.

O que ele gosta de comer?

Gosta de compartilhar a comida e beliscar o tempo todo. Precisa que o seu prato esteja bem apresentado, que lhe agrade aos olhos. Você o verá ajudando na cozinha, e caso tenha um irmão caçula, gostará de dar comida para ele. O seu estômago sensível necessita de alimentos saudáveis: hortaliças, massas, peixes, saladas, cereais, arroz... No entanto ele adora comer e não resiste a um chocolate e aos bolos.

Esportes e hobbies

Gosta de atividades tranquilas, de preferência que possa praticar em casa. Tem uma disposição de ânimo muito variável, de modo que os programas rígidos não o atraem nem um pouco; ele acaba por abandoná-los. É muito participativo, especialmente com os amigos e a família, no entanto não se sente motivado a ir sozinho à academia; em contrapartida, adora nadar sozinho e mergulhar – na água, se transforma em um peixinho. Parece que não tem tempo para praticar esportes porque sempre tem algo melhor a fazer. Seus esportes favoritos podem ser: natação, surfe, hidroginástica, caminhada, vôlei, balé, dança e yoga.

Seu futuro profissional

As profissões mais adequadas para o seu filho são: gerente, tabelião, administrador, advogado, jornalista, editor ou escritor. Agradar e curar os outros faz parte da natureza dos nascidos sob o signo de Câncer, de modo que ele pode ser médico, enfermeiro ou especialista em terapias alternativas. Pode trabalhar com êxito no setor público. Muitos cancerianos são cozinheiros, nutricionistas, geógrafos, mecânicos, pediatras, poetas, historiadores, donos de antiquários, professores da pré-escola, decoradores...

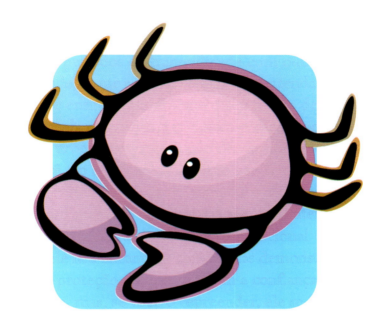

Como você se relaciona com o seu filho canceriano

Se você é de Áries

Você é extremamente dinâmica, forte e resistente, generosa e, às vezes, hiperativa. Parece que exige muito do seu filho, não tem medo das queixas ou faniquitos dele e só deseja o melhor para ele. Você tem muita energia, nunca se cansa de repetir várias vezes as mesmas coisas. Defende intensamente o seu filho e sabe resolver com doses de realismo os pequenos problemas dele. Você tem grandes expectativas e, às vezes, é difícil de agradar. Você é uma mãe dedicada, disposta a tudo para que o seu filho se sinta bem. Porém, acima de tudo, você incentiva o seu filho a ser independente, a não precisar de ninguém.

Você o ensina naturalmente a ser autossuficiente, independente, batalhador e ao mesmo tempo responsável.

O seu filho canceriano é hipersensível, de modo que os seus acessos de mau humor ou ataques de hiperatividade arianos podem afetá-lo mais do que você imagina. Pode ser difícil para você lidar com a aparente indolência ou certa lentidão dele na hora de tomar decisões, mas você deve aprender a conceder-lhe o tempo e o espaço de que ele necessita. Acima de tudo, ele precisa de segurança, de um ambiente calmo, e de muito carinho e afeto.

Combinação Fogo/Água:

O elemento Fogo não costuma ser compatível com o elemento Água, porque neste tudo flui por dentro. A relação não será fácil, embora você deseje isso intensamente. A mãe do signo de Fogo não compreenderá as manhas do filho do elemento Água, e ele achará que você é muito ativa e exigente demais.

Se você é de Touro

Você é disciplinada, cuidadosa e tranquila, econômica, e está sempre pensando no dia de amanhã. Nunca faltará nada na sua casa, nem para o seu filho nem para os amigos dele. Você talvez seja um pouco possessiva e excessivamente protetora com relação a ele, e é difícil fazê-la mudar de opinião. Você se importa muito com a educação do seu filho e pode pressioná-lo em excesso. Além disso, você é persistente, a sua paciência é infinita, à prova de bombas e chiliques. A sua casa precisa estar arrumada e o quarto do seu filho também, senão o seu mau humor se fará presente. Você defende os seus contra tudo e todos.

Você ensina naturalmente ao seu filho valores como a perseverança, a paciência, o amor pelos animais e pela natureza, e o ensina a valorizar as pequenas coisas da vida.

Você e o seu filho se entendem sem necessitar de muitas palavras. Um olhar às vezes é suficiente. Vocês adoram brincar, e você sempre consegue arranjar tempo para ele, assim como para conceder-lhe algum outro capricho. O canceriano é extremamente sensível e absorve como uma esponja todos os seus valores e comentários. Você sabe ser prudente e transmitir para o seu filho a segurança de que ele tanto necessita.

Combinação Terra/Água:

É uma combinação totalmente compatível. Mãe e filho se entenderão muito bem, inclusive porque quando um reclamar, pedir ou exigir, o outro cederá, e logo o inverso acontecerá. Sabem complementar-se e dar muito carinho um ao outro. A Terra transmite uma grande sensação de segurança à Água.

Se você é de Gêmeos

Você é divertida, falante, inquieta e agitada. Você é sociável e gosta muito de ficar ao telefone e de falar sobre qualquer assunto com o seu filho, esteja ele onde estiver. Você gosta de rir e dará boas risadas com as brincadeiras do seu filho, e é provável que se junte a elas. Adora sair para fazer compras com o seu filho, e para ele você é uma mãe bastante *fashion*. Parece que você o deixa fazer tudo, mas você tem um código de ética muito rígido, de acordo com o qual há coisas que você não aceita com facilidade. Por sorte, o seu filho pode falar com você a respeito de tudo, a qualquer hora, o que alimenta a confiança entre vocês.

Você ensina naturalmente o seu filho a se comunicar, a saber se impor, a negociar, a compartilhar ideias e experiências com todo mundo sem julgar ninguém.

O seu filho canceriano é uma criança sensível que se sente muito agradecida com as suas palavras porque elas o confortam, mesmo que você esteja apenas lendo um conto para ele. Ele pode exigir um excesso de atenção e mimos, e não é muito amigo de mudanças bruscas e muito menos de que você altere as rotinas dele. Você saberá se adaptar a seu filho e lhe transmitirá a segurança que ele tanto deseja fomentando a arte da comunicação com ou sem palavras.

Combinação Ar/Água:

O elemento Água tem sentimentos intensos, costuma exigir muito afeto, é muito apegado à casa e à família, e tudo isso às vezes é um pouco excessivo para a mãe de elemento Ar, que tentará sempre chegar a acordos inteligentes com o filho.

Se você é de Câncer

Você é a grande mãe do zodíaco. A família é a coisa mais importante para você. É um tanto possessiva e controladora, mas também muito dedicada ao seu filho e a toda a família. Você é como um porto seguro, sempre presente para o que o seu filho possa precisar. Talvez você seja um pouco rígida, impondo muita disciplina, e como, além disso, você tem uma memória prodigiosa, é difícil que deixe escapar as coisas ou que tentem bajulá-la. Mas você pode ter altos e baixos na sua disposição de ânimo, pode passar do bom humor ao mau humor em um piscar de olhos, o que talvez afete o seu filho ou faça com que ele não consiga compreendê-la inteiramente, conforme o signo dele.

Você ensina naturalmente o seu filho a ter sensibilidade, a desenvolver dons artísticos, a gostar de todo mundo da mesma maneira, a ter ambição e a conseguir o que quer sem pisar em ninguém.

Vocês são tão parecidos que por isso poderão ter alguns conflitos, apesar de você dar ao seu filho todo o carinho, os cuidados e o afeto de que ele tanto precisa. Ambos têm mudanças de humor repentinas e, embora percebam quando elas estão para acontecer, vocês têm a tendência a instigar um ao outro, porque intuem que o outro não contou tudo e deixou muitas coisas no ar.

Combinação Água/Água:

Os dois elementos são iguais, têm os mesmos gostos, pensam a mesma coisa e se querem e se admiram intensamente. Foram feitos um para o outro, embora cada um goste de ter razão e impor as próprias normas, e isso pode gerar algum conflito.

Se você é de Leão

Você é carinhosa, tem paixão pelo seu filho e o cobre de cuidados e atenção. Porém você tem uma personalidade muito forte e é autoritária; espera muito do seu filho e pode ser um pouco opressiva com ele. É exigente e controladora, não deixa passar nada, mas às vezes é muito afetuosa e o defende com unhas e dentes. Você impõe muita ordem e disciplina, mas é generosa. É criativa e certamente tem um *hobby* que vai compartilhar com o seu filho. Além disso, você adora se divertir. Você se cuida muito porque gosta de estar magnífica, e o seu filho assimilará isso, frequentemente disputando o banheiro com você.

Você ensina naturalmente o seu filho a se valorizar, a defender os seus valores e ele próprio, a ser autossuficiente e a estimular e desenvolver a criatividade.

Você sabe dar ao seu filho canceriano todo o afeto e a dedicação de que ele necessita, algo que ele retribui em dobro. Você transmite segurança a ele, mas às vezes o seu ímpeto e seu brilho natural podem amedrontá-lo um pouco. Mesmo assim, você deve controlar o seu caráter forte porque essa criança é hipersensível e tende a se fechar em si mesma, a absorver tudo como uma esponja e a embirrar-se por menos grave que seja a situação.

Combinação Fogo/Água:

A Água costuma apagar o Fogo. Não é uma relação perfeita, porém não será impossível se você conseguir fomentar um equilíbrio. Se você não pressionar o seu filho nem tentar impor a ele suas vontades, conseguirá que ele ceda e não faça drama por causa de qualquer coisa.

Se você é de Virgem

Você é prática, organizada e metódica, embora, às vezes, muito nervosa e excessivamente preocupada com detalhes, o que o seu filho certamente não entende. No que depender de você, nunca faltará nada ao seu filho, porque você é detalhista e observadora. No entanto você não tolerará um mínimo de desordem ou de sujeira. Você é esforçada, não para quieta um instante e não costuma suportar ver o seu filho parado ou divagando. Em virtude de sua tendência para o perfeccionismo, você pode ser bastante crítica com ele. Entretanto, ao mesmo tempo, você se justifica e se responsabiliza por todos os problemas e sente culpa, porque costuma estar sempre receosa de que possa acontecer algo com ele.

Você ensina naturalmente o seu filho a ser organizado, a prestar atenção aos detalhes, a ter bom senso, a desenvolver o amor pela natureza e a se cuidar de uma maneira saudável.

O seu amoroso filho canceriano adora se sentir protegido e mimado, ter suas rotinas e uma grande estabilidade, porém ele não tolerará bem as suas críticas e o fato de você ser um tanto metódica, exigindo "cada coisa no seu lugar", porque, neste caso, poderá se rebelar um pouquinho. No entanto seus chiliques logo passam e ele volta a ser a criança simpática de antes. Vocês gostam de vigiar e controlar um ao outro e não se perderão de vista.

Combinação Terra/Água:

Combinação de grande compatibilidade. Vocês têm gostos parecidos e, mesmo com algumas divergências, se complementam bem. O elemento Água pode ser extremamente dominante, algo que a mãe do signo de Terra sabe controlar sem ficar desesperada, como acontece com outros elementos.

Se você é de Libra

Você é refinada e cuidadosa, compreensiva, doce, porém firme. Você pode, às vezes, fazer ameaças verbalmente, mas não costuma pôr em prática os castigos, porque é do tipo que sempre oferece uma segunda oportunidade. Você procura compreender e ajudar em tudo o seu filho, porém muitas vezes você acredita ter razão e se torna inflexível. No entanto você não suporta brigas; prefere chegar a um acordo e fazer as pazes ou negociar. Acima de tudo, você procura a harmonia, quer que seu filho esteja bem cuidado, saiba que é amado e tenha uma esplêndida educação. Também é importante para você que o seu filho ande bem arrumado.

Você ensina naturalmente ao seu filho a arte da diplomacia, lhe ensina a desenvolver um forte sentido de justiça, sociabilidade, elegância, amor pelas artes e pelas ciências.

O seu filho canceriano não é amante de sobressaltos nem de mudanças; ele precisa, em vez disso, seguir uma rotina. Ele pode exigir de você grandes doses de carinho, que você não hesitará em dar a ele, mas que às vezes podem sufocá-la. Ele contará tudo para você, embora você já saiba o que se passa na cabeça dele. Você aprecia e admira muito a perseverança dele. Vocês adoram controlar um ao outro.

Combinação Ar/Água:

Essa combinação de elementos pode ser difícil de conduzir. A mãe do signo de Ar precisa de muita paciência e flexibilidade para lidar e controlar o caráter um tanto extraordinário e complicado da criança de Água. Conversar muito beneficiará a relação.

Se você é de Escorpião

Você é criativa, comunicativa e muito divertida. No entanto, não permite que discutam as suas regras. Nisso, você é muito rígida e rigorosa, embora seja muito generosa e dedicada ao seu filho. Cuida dele e o protege como ninguém, embora tente ensiná-lo a se defender e enfrentar sozinho os problemas que encontrar.

Você é exigente com os estudos dele e não suporta fraquezas. Percebe na hora quando o seu filho está passando por alguma dificuldade e corre para ajudá-lo. Você lhe ensinará muito bem como enfrentar os problemas. Alterna períodos de tranquilidade com outros de irritabilidade, o que seu filho talvez não entenda.

Você ensina naturalmente o seu filho a desenvolver o poder de convicção, ter domínio das emoções, a seguir as próprias regras e a não deixar que pisem nele.

Você e o seu filho canceriano não se detêm na hora de expressar o seu amor, tampouco no momento de demonstrar as suas diferenças. Você sabe entender a natureza extremamente sensível e emocional do seu filho, e ele fica encantado com as suas demonstrações de afeto e proteção, bem como com a confiança que você lhe passa, mas, se você o repreender, ele se fechará em si mesmo, irritado e confuso, mas depois de um tempo tudo voltará a ser abraços e carinhos.

Combinação Água/Água:

Dois elementos de Água compartilham o dobro de carinho e entendimento. Precisam demonstrar constantemente sentimentos um para o outro e, com certa frequência, a criança do elemento Água tenderá a chamar atenção de uma maneira bastante barulhenta. Os escândalos serão frequentes.

Se você é de Sagitário

Você é aberta, compreensiva, sincera e íntegra. Talvez um pouco exagerada e distraída, e com tendência a dar muitos conselhos, mas é muito afetuosa e carinhosa. Sempre diz o que pensa, talvez com excessiva franqueza, algo que você deverá controlar para não magoar o seu filho. É muito brincalhona e costuma estar de bom humor, embora às vezes tenha alguns ataques de raiva. Com certeza, você fala mais de dois idiomas e adora viajar, algo que você vai estimular no seu filho, o que conferirá a ele muita liberdade, cultura e um senso ético e moral bastante sólido.

Você ensina naturalmente o seu filho a acreditar nos ideais dele, a formar uma ética e uma moral humanitária, a rir de si mesmo e desfrutar a vida.

O seu criativo filho do signo de Câncer pode ser mais caseiro do que você poderia desejar, tem um pouco de dificuldade em explorar novos ambientes, se assusta com facilidade, mas você ficará encantada porque ele é carinhoso, afetuoso, muito sensível e atencioso. De vez em quando, precisa de um empurrãozinho para expressar os seus sentimentos e deixar sair tudo o que tem dentro da cabeça. Ele necessita de muito tato e delicadeza.

Combinação Fogo/Água:

Não são, em princípio, elementos compatíveis, mas a união será profunda. Talvez a mãe do elemento Fogo seja excessivamente independente e individualista, algo que a criança de Água não tolerará muito bem, porque esta precisa de afeto e de que estejam constantemente "atrás dela". O amor e o carinho são o ponto forte com ela.

Se você é de Capricórnio

Você é exigente com o seu filho, mas também é muito carinhosa; obstinada, porém terna. Parece que não descansa nunca; você se levanta bem cedo e vai dormir tarde, para que nada falte a ele em nenhum momento. Você é um porto seguro para o seu filho, é muito responsável e habitualmente parece preocupada com tudo.

Espera muito do seu filho, já que você mesma é bem-sucedida e brilhante, planejadora e muito detalhista. Não costuma tolerar fraquezas e nem a desobediência. Além disso, você tem paciência e astúcia para conseguir o que quer. Você costuma desconfiar muito das companhias do seu filho.

Você ensina naturalmente ao seu filho como se defender e também a arte da paciência, da autodisciplina e, principalmente, que ele precisa unir a obrigação com o bom humor.

Você e o seu filho foram feitos um para o outro. O canceriano precisa se agarrar a rotinas e horários, porque sempre está em busca de segurança e apoio, o que você saberá lhe proporcionar em abundância. Ele pedirá a você carinhos e agrados, porque sabe que de vez em quando você se esquecerá disso, até conseguir desenvolver o hábito. O seu filho a controlará bastante, porém você o permitirá porque isso faz parte da sua natureza.

Combinação Terra/Água:
É uma excelente combinação. A mãe do signo de Terra sabe acalmar e transmitir estabilidade, firmeza e muito amor para o seu inconstante filho do elemento Água, que costuma mudar incessantemente graças à sua infinita curiosidade e porque nunca parece terminar o que começa.

Se você é de Aquário

Você é amável e brincalhona, carinhosa e amigável, mas, embora pareça muito livre e tolerante, no fundo, você é bastante rígida; sempre quer saber o que se passa na cabeça do seu filho. Ele pode falar a respeito de tudo com você sem reservas, e você sempre está disponível para brincar. Você não é excessivamente protetora nem dominadora, mas está sempre atenta para que não falte nada ao seu filho, sem se estressar. Você é compreensiva e costuma ver o lado bom de todas as coisas, inclusive de uma travessura. Dará ao seu filho valores culturais, éticos, artísticos e, acima de tudo, humanos e humorísticos.

Você passa naturalmente ao seu filho valores como a amizade, a justiça social e a liberdade, desenvolve a criatividade inata dele e o ensina a ser independente.

O seu filho canceriano exige muito amor e atenção. Poderá ser um pouco difícil para você ficar o tempo todo à disposição dele, mas você acabará impondo a si mesma um ritmo para que não lhe falte o afeto de que ele tanto necessita e que tanto pede. Vocês adoram fazer surpresas um ao outro que os deixem boquiabertos. Esse é o momento certo para que você o faça cumprir as regras e acatar ordens sem contestar demais.

Combinação Ar/Água:

A criança do signo de Água é muito amorosa, muito sensível e criativa, embora seja também muito dispersa, volúvel e instável, algo que a mãe do elemento Ar também é. Consequentemente, você conseguirá compreendê-la quando os seus ritmos coincidirem, o que acontecerá com bastante frequência.

Se você é de Peixes

Você é muito generosa e dedicada ao seu filho, pouco disciplinadora e bastante carinhosa e compreensiva. Você se entrega completamente ao seu filho, mas deixa que ele faça o que tem vontade; você não o monopoliza e nem costuma reprimi-lo. Você tem uma imaginação poderosa e certamente se dedica a uma atividade artística, por isso costuma incentivar a criatividade do seu filho. Você não costuma discutir porque acha isso detestável. No entanto você passa rapidamente da alegria à apatia, o que o seu filho, às vezes, não consegue entender. Você estimulará nele a sensibilidade, o senso crítico e humano e a capacidade de sonhar.

Você ensina naturalmente o seu filho a ser sensível, a usar sem medo a intuição, e estimula a criatividade e os dons artísticos dele.

Você se comunica com o seu filho canceriano de uma maneira intuitiva e quase mágica. Vocês se entendem sem palavras, e você sabe o que ele precisa e está pensando a cada momento, de modo que não o pressiona nem impõe normas excessivamente rígidas, embora você precise gerar certa disciplina. Como você é afetuosa, será bastante receptiva às necessidades emocionais do seu filho. Ele pede carinho o tempo todo, e você não hesitará em abraçá-lo constantemente.

Combinação Água/Água:

A compreensão, o amor e a empatia entre ambos serão mútuos e essa relação será algo natural e fácil. A criança do signo de Água, no entanto, pode às vezes se mostrar insegura e tentar chamar atenção inventando histórias para ter certeza de que a sua mãe continuará ali.

Como é o seu filho canceriano de acordo com o horóscopo chinês

A astrologia chinesa leva em conta a Lua para elaborar o horóscopo (e não o Sol, como é o caso do horóscopo ocidental). Em vez de dividir o ano entre doze signos, os chineses usam um signo para cada ano. Em outras palavras, cada ano é regido por um animal que influencia fortemente o nosso caráter e o nosso destino. O ano chinês começa na primeira Lua Nova do ano (quando a Lua não aparece no céu).

Além de um animal, cada pessoa tem um elemento que lhe é associado. Os elementos são em número de cinco: Madeira, Fogo, Terra, Metal e Água. O Metal é poderoso e confere firmeza de caráter e força de vontade. A Água é sensível e outorga a desenvoltura da palavra. A Madeira proporciona criatividade e realismo. O Fogo confere dinamismo e impulso. E a Terra proporciona um caráter estável e prático.

Se o seu canceriano é de Rato...

A criança nascida sob o signo do Rato tem um encanto natural, é esperta, inquieta, muito vivaz, dinâmica, ardilosa e bastante inteligente. Tem inclinação para as artes, a literatura e os esportes. Normalmente é tranquila e alegre, mas se irrita com muita facilidade e fica zangada quando não consegue o que quer, embora, por sorte, os chiliques logo passem.

À medida que você a vir crescer, notará também que ela irá adquirir certa capacidade de liderança e autoridade em um grupo. Na verdade, ela faz amigos com facilidade. Tem o poder de convicção e gosta de desafios; além disso, sabe escapar dos problemas com enorme facilidade.

Ela é comunicativa por natureza, grande oradora, às vezes tem a língua afiada. Costuma conseguir o que deseja graças ao seu dom da palavra. É afetuosa e passional e tem uma grande capacidade de aprendizagem e ânsia de saber. A sua mente é hiperativa.

É uma crítica genial e mordaz, mas tem muitas manias. Essa criança é dominada pela impaciência e é difícil para ela se adaptar ao ritmo lento dos demais por causa de sua grande rapidez nos reflexos físicos e mentais.

- **Aspectos positivos:** é alegre, amável, vivaz e generosa.
- **Aspectos negativos:** é fofoqueira e hiperativa.
- **Compatibilidade:** o Rato é compatível com o Boi, o Dragão e o Macaco, e nem tanto com a Cabra e o Javali.

O seu filho é de Rato se nasceu ou vai nascer nas seguintes datas:

- De 19 de fevereiro de 1996 a 6 de fevereiro de 1997: Rato de Fogo.
- De 7 de fevereiro de 2008 a 25 de janeiro de 2009: Rato de Terra.
- De 24 de janeiro de 2020 a 10 de fevereiro de 2021: Rato de Metal.

Se o seu canceriano é de Boi...

A criança nascida sob o signo do Boi é sociável, tranquila, dócil, carinhosa e paciente, e também um pouco tímida com pessoas que não conhece bem. No entanto, uma vez que adquire confiança, ela logo fica à vontade, e como!

A sua natureza é despreocupada e, embora seja cumpridora dos seus deveres, no fundo é bastante comodista. Ela ama a boa vida e, apesar do seu caráter aprazível, costuma ter explosões de raiva (ou permanecer firme em sua opinião) quando não gosta de alguma coisa. Acima de tudo, precisa que a deixem tranquila para que possa fazer as coisas do seu jeito sem que a incomodem.

Você ficará surpresa com o seu espírito independente, firme e determinado. Ela gosta de mandar, mas é amável no tratamento às pessoas. Sabe se distrair sozinha e é bastante segura de si mesma. Além disso, é uma criança muito criativa, que aceitará de bom grado ou pedirá jogos de construção, de maquetes ou que envolvam a arte e a música. Enfim, tudo aquilo que possa enriquecer os seus cinco sentidos!

Ela gosta de bater papo, porém não é amiga de discussões ou polêmicas, as quais ouve, mas prefere guardar silêncio em relação a elas. Não tolera bem o estresse ou as mudanças bruscas.

- ASPECTOS POSITIVOS: é amável, confiável e sensata.
- ASPECTOS NEGATIVOS: é teimosa e obstinada.
- COMPATIBILIDADE: se dá muito bem com o Rato, a Serpente e o Galo, e nem tanto com o Dragão, o Cavalo, a Cabra e o Coelho.

O seu filho é de Boi se nasceu ou vai nascer nas seguintes datas:

▹ De 7 de fevereiro de 1997 a 28 de janeiro de 1998: Boi de Fogo.

▹ De 26 de janeiro de 2009 a 13 de fevereiro de 2010: Boi de Terra.

▹ De 11 de fevereiro de 2021 a 31 de janeiro de 2022: Boi de Metal.

Se o seu canceriano é de Tigre...

A criança nascida sob o signo do Tigre é muito ativa, direta e franca, batalhadora, aventureira, pouco amante da disciplina e da ordem, e não tolera injustiças (na sua concepção particular do bem e do mal). No entanto, por outro lado, é divertida, alegre, carinhosa, brincalhona, curiosa e passional.

Adora os desafios e os jogos de competição, e não gosta de perder. É incansável e precisa de liberdade de ação para explorar ou levar a cabo a ideia seguinte que lhe surja na cabeça (caso contrário, reclamará).

É rebelde e um pouco irritável porque se estressa com facilidade. Quando alguma coisa a contraria, ela se torna muito agressiva e fica na defensiva, sendo capaz de dar chiliques terríveis. Não tolera bem as ordens, mas gosta de dá-las.

Essa criança sabe se fazer respeitar devido ao seu magnetismo e seu ar de nobreza, além de ter uma grande capacidade de fazer amigos. É participativa e comunicativa, embora seja muito direta — ela vai diretamente ao ponto e diz tudo o que pensa. É teimosa, mas nem um pouco rancorosa.

- Aspectos positivos: é valente, leal, inteligente e persistente.
- Aspectos negativos: tende a não respeitar as normas, é orgulhosa.
- Compatibilidade: o Tigre se dá bem com o Cão, o Cavalo e o Javali. Tem algumas dificuldades com a Cabra e o Macaco.

O seu filho é de Tigre se nasceu ou vai nascer nas seguintes datas:

▷ De 29 de janeiro de 1998 a 15 de fevereiro de 1999: Tigre de Terra.

▷ De 14 de fevereiro de 2010 a 2 de fevereiro de 2011: Tigre de Metal.

▷ De 1º de fevereiro de 2022 a 20 de janeiro de 2023: Tigre de Água.

Se o seu canceriano é de Coelho...

A criança nascida sob o signo do Coelho é um poço de paz, busca sempre a harmonia (até que, com certeza, explode, e da pior maneira possível). Ela não gosta de surpresas nem de corre-corres, já que a tensão a deixa nervosa e ela pode se distanciar da realidade, submergindo no seu mundo à espera de que as coisas se resolvam sozinhas. É uma criança sociável, com talento artístico, muito fantasiosa. Adora entreter a família e os amigos.

Desde bebê, a criança de Coelho pode chorar muito e ser bastante apegada à mãe. Ela precisa e pede, aos gritos, a estabilidade e um ambiente harmonioso, assim como algumas rotinas. É uma criança extremamente sensível e carinhosa, muito tranquila, feliz e falante. Ao mesmo tempo hábil, sagaz e presunçosa, ela sabe se impor, embora seja de natureza prudente e tenha dificuldade em tomar decisões.

Ela se preocupa muito com as outras pessoas, é compreensiva e muito boa conselheira; sempre estará disposta a ajudar e escutar. Ela é como uma pequena ONG ambulante, muito bondosa, e você precisa ensiná-la a não ser ingênua.

Ela é muito autocrítica e tem dificuldade em aceitar os erros, tanto os próprios quanto os dos outros.

- Aspectos positivos: é divertida, carinhosa, brilhante e confiável.
- Aspectos negativos: é crítica e rancorosa.
- Compatibilidade: o Coelho se dá bem com a Cabra, a Serpente e o Javali. Ele tem certa dificuldade para se relacionar com o Rato e o Galo.

O seu filho é de Coelho se nasceu ou vai nascer nas seguintes datas:

- De 16 de fevereiro de 1999 a 5 de fevereiro de 2000: Coelho de Terra.
- De 3 de fevereiro de 2011 a 22 de janeiro de 2012: Coelho de Metal.
- De 21 de janeiro de 2023 a 8 de fevereiro de 2024: Coelho de Água.

Se o seu canceriano é de Dragão...

A criança nascida sob o signo do Dragão é muito vivaz, impetuosa, inteligente e tem uma personalidade forte desde pequena, além de ser muito orgulhosa. Ela possui uma grande capacidade de liderança, bem como dons artísticos. De um modo geral, sabe conseguir o que quer graças às suas grandes habilidades sociais e porque é divertida, criativa e surpreendente.

A sua grande imaginação a leva, às vezes, a querer ficar sozinha para poder sonhar acordada. Não raro, ela dará a impressão de ter vindo de outro planeta. Ela própria costuma se sentir diferente das outras crianças.

Não suporta bem as rotinas, é uma criança escandalosa e inquieta, que poderia muito bem ser o rebelde da escola, embora, devido à sua grande ingenuidade, acabe sempre sendo perdoada, já que nunca age de má-fé. Ela é direta e segue em frente com a verdade, embora queira ter sempre razão. Apesar da sua natureza independente (praticamente desde o berço), ela se adapta a todos os tipos de ambiente e tende a se mostrar exatamente como é.

- ASPECTOS POSITIVOS: é íntegra, enérgica, resistente, leal e protetora.
- ASPECTOS NEGATIVOS: adora chamar a atenção de qualquer jeito.
- COMPATIBILIDADE: o Dragão se dá bem com a Serpente, o Macaco e o Galo. No entanto, tem dificuldades em se relacionar com o Javali e o Cão.

O seu filho é de Dragão se nasceu ou vai nascer nas seguintes datas:

- De 6 de fevereiro de 2000 a 24 de janeiro de 2001: Dragão de Metal.
- De 23 de janeiro de 2012 a 9 de fevereiro de 2013: Dragão de Água.
- De 9 de fevereiro de 2024 a 28 de janeiro de 2025: Dragão de Madeira.

Se o seu canceriano é de Serpente...

A criança nascida sob o signo da Serpente é sensível, sedutora, intuitiva, muito vivaz e parece ter uma sabedoria inata. De fato, ela sempre pergunta os porquês de tudo e adora investigar e analisar todas as coisas, com bastante empenho. A sua curiosidade não tem limites, e ela possui um humor mordaz. Com poucas palavras, ela diz tudo.

Ela quer fazer as coisas do jeito dela, e por isso costuma escolher cuidadosamente os amigos. Só se cercará daqueles que realmente valham a pena. É um pouco desconfiada, porém muito astuciosa, tendo uma espécie de sexto sentido bastante desenvolvido.

Ela parece tranquila por fora, mas é muito agitada por dentro. Não gosta de sobressaltos, embora se adapte às mudanças, depois do faniquito habitual. É amante da ordem e exigente.

É um pouco rancorosa e pode ter um ataque de raiva com a pessoa que lhe cause um mínimo transtorno. Se não gosta de alguma coisa, não se deixará convencer de jeito nenhum, e se você insistir, ela explodirá violentamente. Ela tem muita força de vontade com relação àquilo que deseja.

- Aspectos positivos: esperta e tem ideias claras, é autoconfiante e persistente.
- Aspectos negativos: não suporta falhar, é ciumenta
- Compatibilidade: a Serpente se dá às mil maravilhas com o Coelho, o Galo e o Dragão. Não chega a se entender bem com o Cão e o Tigre.

O seu filho é de Serpente se nasceu ou vai nascer nas seguintes datas:

- De 25 de janeiro de 2001 a 11 de fevereiro de 2002: Serpente de Metal.
- De 10 de fevereiro de 2013 a 20 de janeiro de 2014: Serpente de Água.
- De 29 de janeiro de 2025 a 16 de fevereiro de 2026: Serpente de Madeira.

Se o seu canceriano é de Cavalo...

A criança nascida sob o signo do Cavalo é muito tagarela desde bebê. É aberta, brincalhona, e precisa ter um grupo de amigos e permanecer ativa o tempo todo.

Ela é sincera, independente e espontânea, sabe se impor e costuma alcançar todos os seus propósitos, embora se distraia com facilidade. Quando algo a contraria, ela tem uns chiliques espetaculares. Quando perde a cabeça, ela se transforma em uma pessoa com pouca tendência a refletir; se mostra impetuosa e faz de tudo para conseguir o que deseja, embora sem nenhuma má intenção.

Ela luta pelo que quer e combate o que considera injusto, de modo que batalhas de todos os tipos estão garantidas. Ela adora estar envolvida em qualquer assunto e também gosta de oferecer a sua colaboração e atuar como mediadora em discussões alheias.

Além disso, ela gosta de se fazer notar, e o seu caráter agradável e a sua grande simpatia a tornam bastante popular. A sua facilidade com as palavras é extraordinária, mas não tem a mesma facilidade com relação à capacidade de escutar, pois costuma perder a paciência.

- Aspectos positivos: é popular, alegre, inventiva, tem reflexos rápidos.
- Aspectos negativos: é impetuosa e impaciente.
- Compatibilidade: o Cavalo se dá bem com o Tigre, a Cabra e o Cão. No entanto, tem menos afinidade com o Javali e o Boi.

O seu filho é de Cavalo se nasceu ou vai nascer nas seguintes datas:

> De 27 de janeiro de 1990 a 14 de fevereiro de 1991: Cavalo de Metal.

> De 12 de fevereiro de 2002 a 31 de janeiro de 2003: Cavalo de Água.

> De 31 de janeiro de 2014 a 18 de fevereiro de 2015: Cavalo de Madeira.

Se o seu canceriano é de Cabra...

A criança nascida sob o signo da Cabra é tranquila, tolerante, carinhosa, criativa e tem certo ar fantasioso, graças à sua grande imaginação. Na realidade, ela possui um talento artístico extraordinário, bem como uma grande vontade de ajudar e ser útil. É uma criança hipersensível, que chora e se queixa por qualquer coisa, certamente preocupada com assuntos que não têm a menor importância para você.

Ela tem certo ar independente, não lhe incomoda ficar sozinha porque sabe se entreter perfeitamente. Não tolera bem os tumultos nem a pressão, e, sendo este o caso, ela sempre foge ou arma um circo. Ela pode ter dificuldade para se expressar e talvez exploda no momento menos esperado por ter aguentado demais.

Tem uma grande capacidade de compreensão, e por esse motivo costuma estar rodeada de muitos amigos, apesar de ser normalmente tímida a princípio. Ela precisa de contínuas demonstrações de carinho, porque só assim consegue se abrir. Não tolera bem as rotinas, a pressão ou as críticas, e também não gosta de conflitos; prefere a resistência passiva e os silêncios inquietantes.

- Aspectos positivos: é generosa, amável e discreta.
- Aspectos negativos: é mandona e indecisa.
- Compatibilidade: a Cabra costuma se relacionar bem com o Coelho, o Cavalo e o Javali, mas tem dificuldade para se entender com o Rato, o Boi e o Cão.

O seu filho é de Cabra se nasceu ou vai nascer nas seguintes datas:

- De 15 de fevereiro de 1991 a 3 de fevereiro de 1992: Cabra de Metal.
- De 1º de fevereiro de 2003 a 20 de janeiro de 2004: Cabra de Água.
- De 19 de fevereiro de 2015 a 7 de janeiro de 2016: Cabra de Madeira.

Se o seu canceriano é de Macaco...

A criança nascida sob o signo do Macaco é sociável, compreensiva, curiosa, ágil, criativa e sabe conseguir o que deseja. É uma grande pensadora, amante da boa vida, independente, tem muita imaginação e um eterno senso de humor.

Tem facilidade para convencer as outras pessoas e também para resolver problemas graças ao seu talento e à sua habilidade para captar detalhes que os outros não percebem.

Sempre estenderá a mão a todos os que lhe parecerem precisar de ajuda, embora possa se meter onde não é chamada. Com frequência, não consegue parar quieta, e a curiosidade pode lhe causar vários inconvenientes. Ela capta e processa informações com extrema velocidade.

O seu ar inquieto, encantador e divertido faz com que ela conquiste as pessoas e as atraia para o seu terreno. É muito insolente e brincalhona; adapta-se sem dificuldade a qualquer ambiente; é camaleônica e um pouco atriz. Adora pregar peças e fazer travessuras, e quanto mais você a repreende, mais traquinices ela inventa.

- Aspectos positivos: tem reflexos rápidos, é divertida, criativa, tem grande capacidade de memória.
- Aspectos negativos: tende a fazer fofocas, sofre de falta de concentração.
- Compatibilidade: o Macaco se dá bem com o Boi, o Coelho e a Serpente. Tem problemas de comunicação com o Tigre e o Galo.

> **O seu filho é de Macaco se nasceu ou vai nascer nas seguintes datas:**
> - De 4 de fevereiro de 1992 a 22 de janeiro de 1993: Macaco de Água.
> - De 21 de janeiro de 2004 a 7 de fevereiro de 2005: Macaco de Madeira.
> - De 8 de fevereiro de 2016 a 27 de janeiro de 2017: Macaco de Fogo.

Se o seu canceriano é de Galo...

A criança nascida sob o signo do Galo tem um encanto natural, um excelente senso de humor, é comunicativa, alegre e muito expressiva. Ela gosta de ser vista. É um tanto orgulhosa e tem dificuldade em ceder, mas é fácil lidar com ela. Ela adora compartilhar tudo e sabe conquistar a simpatia das pessoas, embora às vezes se comporte de uma maneira brusca com quem não concorda com as suas ideias.

É tranquila, sensata, alerta e curiosa, embora também seja muito sonhadora. Acima de tudo, ela ama a boa vida, mas ao mesmo é muito esforçada. Adora aprender coisas novas, mas, se estas não atraem o seu interesse, ela fica extremamente entediada ou se rebela diante delas. Ela pode se dispersar ou falar demais, ser muito direta e perder a diplomacia.

Ela interage com facilidade com as outras crianças e é muito complacente com todo mundo em geral porque é amável, sincera e escrupulosa. Tem grande capacidade de concentração e às vezes parece que analisa as pessoas através de raios X.

Não gosta de encrencas e prefere seguir as normas. Sabe analisar e resolver todo tipo de problema graças ao seu espírito prático e lógico.

- Aspectos positivos: é atenta, tem ideias profundas e comunica-se bem.
- Aspectos negativos: é desconfiada e egoísta.
- Compatibilidade: o Galo se relaciona bem com o Tigre, o Dragão e a Cabra. No entanto, não se dá tão bem com a Serpente, o Coelho e o Cão.

O seu filho é de Galo se nasceu ou vai nascer nas seguintes datas:

- De 23 de janeiro de 1993 a 9 de fevereiro de 1994: Galo de Água.
- De 8 de fevereiro de 2005 a 28 de janeiro de 2006: Galo de Madeira.
- De 28 de janeiro de 2017 a 14 de fevereiro de 2018: Galo de Fogo.

Se o seu canceriano é de Cão...

A criança nascida sob o signo do Cão é muito sociável, intuitiva, inquieta, vaidosa, sabe dialogar e se mostrar coerente desde bem pequena. Sabe saltar em defesa de situações que considera injustas. Gosta que todo mundo se sinta bem e adora fazer brincadeiras.

Gosta de agradar os outros e entretê-los. Mesmo assim, o seu caráter não é fácil. É despreocupada, porém muito teimosa; quando coloca uma coisa na cabeça, faz o impossível (e inimaginável) para conseguir o que quer. Costuma ter acessos de raiva muito fortes por causa da sua teimosia, mas é uma criança que escuta a razão e a lógica.

Ela é muito instintiva e é uma boa organizadora. Tem o espírito altruísta e generoso, está sempre disposta a estender a mão para defender os amigos, os quais são muito importantes para ela. É confiável e sabe o que quer, embora às vezes se preocupe com assuntos sem importância. Não sabe mentir e tampouco faz uso de rodeios.

É muito criativa e consegue se entreter horas a fio, sabendo inclusive inventar as próprias brincadeiras.

- ASPECTOS POSITIVOS: é leal, aprende com rapidez e tem muita iniciativa.
- ASPECTOS NEGATIVOS: é intransigente e obstinada.
- COMPATIBILIDADE: o Cão se dá bem com o Cavalo, o Boi e o Macaco. Entretanto, não consegue se relacionar bem com o Dragão e a Cabra.

O seu filho é de Cão se nasceu ou vai nascer nas seguintes datas:

▷ De 10 de fevereiro de 1994 a 30 de janeiro de 1995: Cão de Madeira.

▷ De 29 de janeiro de 2006 a 16 de fevereiro de 2007: Cão de Fogo.

▷ De 15 de fevereiro de 2018 a 3 de janeiro de 2019: Cão de Terra.

Se o seu canceriano é de Javali...

A criança nascida sob o signo do Javali é sincera e bondosa e tem muito senso de humor. Ela pega as coisas no ar, embora você tenha a impressão, em um primeiro momento, de estar falando com uma parede. Ela precisa brincar o tempo todo, é caseira e não gosta muito de multidões.

Ela não tem dificuldade para se socializar; é apenas um pouco tímida no início, mas se dá bem com todo mundo e sempre estende a mão à primeira pessoa triste que encontra. Por isso mesmo, por ela confiar muito nas pessoas, é preciso ensinar-lhe que nem todo mundo tem boas intenções.

É apaixonada por música e boa comida. Pode comer sem parar, portanto é preciso impor alguns limites quanto a isso.

Ela é bastante indecisa e ingênua, mas avança sempre com a verdade. Tem dificuldade para mudar e reflete demais sobre as coisas, com frequência perdendo oportunidades. É respeitosa e pacífica, não gosta de brigas e tende a evitar as confrontações. Não tolera bem as discussões e sempre procura fazer com que todo mundo se reconcilie. Além do mais, ela sabe como conseguir isso. Na verdade, ela sempre costuma conseguir o que quer.

- ASPECTOS POSITIVOS: é inteligente, sincera, corajosa, popular e amável.
- ASPECTOS NEGATIVOS: é desligada e obstinada.
- COMPATIBILIDADE: o Javali se dá bem com a Cabra, o Coelho e o Cão. Tem pouca afinidade com a Serpente e o Rato.

O seu filho é de Javali se nasceu ou vai nascer nas seguintes datas:

▷ De 31 de janeiro de 1995 a 18 de fevereiro de 1996: Javali de Madeira.

▷ De 17 de fevereiro de 2007 a 6 de fevereiro de 2008: Javali de Fogo.

▷ De 4 de janeiro de 2019 a 23 de janeiro de 2020: Javali de Terra.

Impressão e Acabamento:
Vallilo Gráfica e Editora
graficavallilo.com.br | 11 3208-5284